COLLE[...] R

VENTE du LUNDI 30 MARS 1914

HOTEL DROUOT
Salle N° 10
à deux heures

EXPOSITION PUBLIQUE
le Dimanche 29 Mars
de 2 heures à 6 heures.

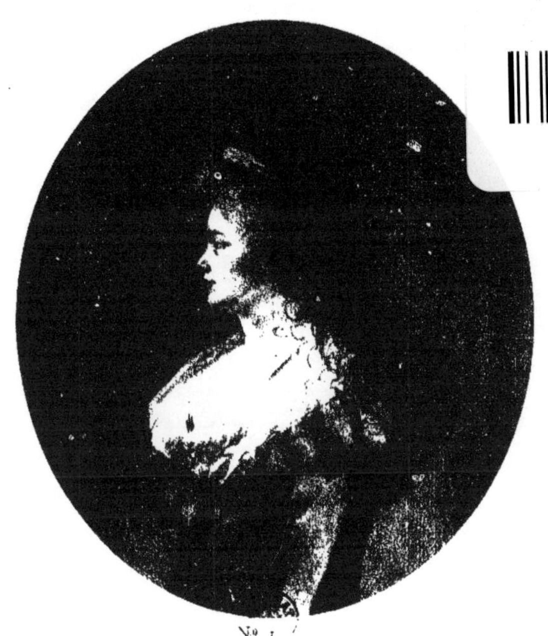

N° 1.

DESSINS
ANCIENS ET MODERNES

Tableau de Salvator ROSA

Dessin d'Augustin de SAINT-AUBIN

COMMISSAIRE-PRISEUR :
Mᵉ GEORGES TIXIER
45, rue de la Chaussée-d'Antin.

EXPERT :
M. MAX BINE
17, rue Victor-Massé.

COLLECTION D'UN AMATEUR

CATALOGUE

DES

DESSINS ANCIENS ET MODERNES

par ou attribués à

BARTHOLOZZI, DE BEAUMONT, BOUCHARDON,
BOSIO, BOUCHER, LE CARAVAGE, CHATELET, CHASSELAT,
DAVID, P. DELAROCHE, VAN DYCK,
GÉRICAULT, LE GUERCHIN, J.-B. HILIAIRE,
INGRES, ISABEY, LALLEMAND, LESUEUR, LEGROS,
NICOLLE, HUBERT ROBERT, etc.
et des ÉCOLES FRANÇAISE, HOLLANDAISE, etc.

Tableau de Salvator ROSA

Dessin d'Augustin de SAINT-AUBIN

dont la vente aura lieu

à Paris, HOTEL DROUOT, Salle N° 10

Le LUNDI 30 MARS 1914

à deux heures

Par le Ministère de Me Georges TIXIER
Commissaire-Priseur
45, rue de la Chaussée-d'Antin

Assisté de M. Max BINE, *Expert*
17, Rue Victor-Massé

EXPOSITION PUBLIQUE

le Dimanche 29 Mars 1914, de 2 heures à 6 heures.

CONDITIONS DE LA VENTE

Elle sera faite au comptant.

Les adjudicataires paieront dix pour cent en sus des enchères.

L'exposition mettant le public à même de se rendre compte de l'état et de la nature des tableaux, il ne sera admis aucune réclamation une fois l'adjudication prononcée.

Paris. – Imprimerie FRAZIER-SOYE, 153-155, rue Montmartre

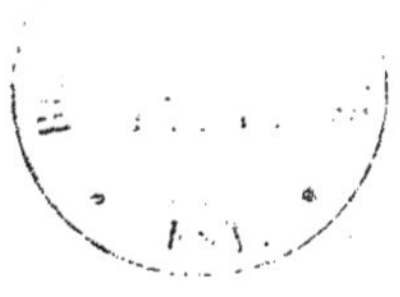

DÉSIGNATION

AUBIN (Augustin de S[t])

1. — *Portrait de Madame Dugazon.*

En buste de profil à gauche. Crayon et sanguine, rehaut d'aquarelle, forme ovale. Haut. 0,205. Larg. 0,175.

BARTHOLOZZI (attribué à)

2. — *Scène biblique.*

Plume et sépia.

BEAUMONT (Ed. de)

3. — *Jeune femme travestie.*

Crayon, lavis encre de chine, rehaut de gouache.

BISON

4. — *Têtes de fillettes.*

Etude à la sanguine.

BLATTER

5. — *Vues de Paris, bords de la Seine.*

2 aquarelles.

6. — *Bords de la Seine.*

4 aquarelles.

BOUCHARDON

7. — *Le démon.*
A la sanguine. Haut. 0,285. Larg. 0,400.

8. — *Sapho.*
Projet pour sculpture à la sanguine.

8 *bis*. — *Frontispice.*
Contre épreuve d'un dessin à la sanguine.

BOCQUET

9. — *Paysage d'Italie.*
A la plume.

BOURGOIN

10. — *Paysage.*
Aquarelle. Haut. 0,26. Larg. 0,36.

BOSIO

11. — *Réception au Salon. Merveilleuses et Incroyables.*
Haut. 0,175. Larg. 0,240.

12. — *Le bal de la barrière du Maine.*
A la plume. Haut. 0,146. Larg. 0,240.

BOUCHER (école de)

13. — *La danse.*
A la sanguine. Haut. 0,31. Larg. 0,18.

14. — *Tête de Jeune fille.*
A la sanguine.

BOUY (G.)

14 *bis*. — *Jeune femme.*
Pastel signé en bas à gauche.

CARAVAGE (P. de)

15. — *La toilette de Vénus.*

A la plume. Haut. 0,28. Larg. 0,41.

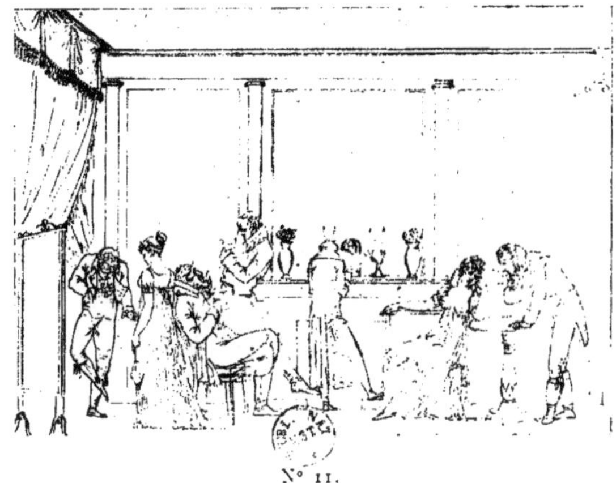

N° 11.

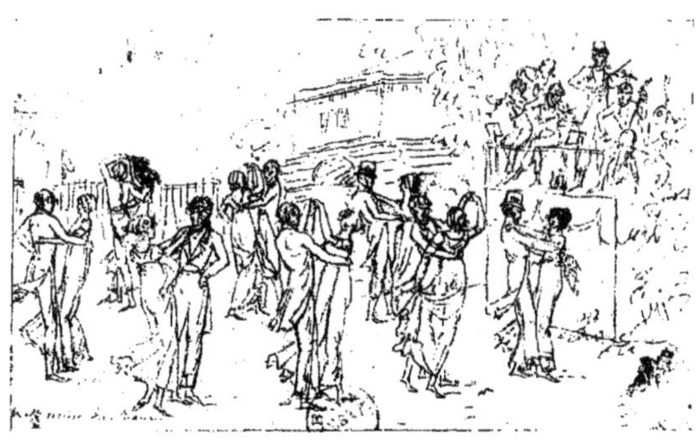

N° 12.

CHATELET

16. — *Paysage et personnages. Ruines.*

Plume et aquarelle. Haut. 0,222. Larg. 0,380.

CHASSELAT (Ch.)

16 *bis*. — *Attala et Chactas.*

Suite de 6 dessins. Ont été gravés. Mêmes dimensions. Plume et sépia. Haut. 2,90. Larg. 3,55.

CHAUVEAU

17. — *Scène Mytologique.*

Plume et lavis. Haut. 0,16. L. 0,22.

COYPEL

17 *bis*. — *Christ à la colonne.*

Gravé à la pierre noire. Haut. 0.46. Larg. 0,31.

DAVID H. (école de)

18. — *Scène antique.*

Plume.

DAVID (école de)

19. — *Scène biblique.*

Plume et lavis.

DAVID

20. — *Étude femme drapée.*

Crayon. Reproduit dans l'autographe, au salon n° 1. 29 avril 1869. Haut. 0,17. Larg. 0,04.

DELAROCHE (Paul)

21. — *La Vierge et l'Enfant.*

Crayon rehaussé d'aquarelle, portant sur le dessin l'inscription : « donné à ma fille en 1845, signé Achille Martinet ». Haut. 0,245. Larg. 0,190.

DELAFOSSE (J. C.)

22. — *Porte d'un port du Midi.*

Signé. Collection Soulavie.

DESPRÈS

23. — *La visite aux ruines.*
Plume et lavis d'encre de chine.

DESBOUTINS

24. — *Portrait de Mme George Sand.*
Peinture. Haut. 0,25. Larg. 0,18.

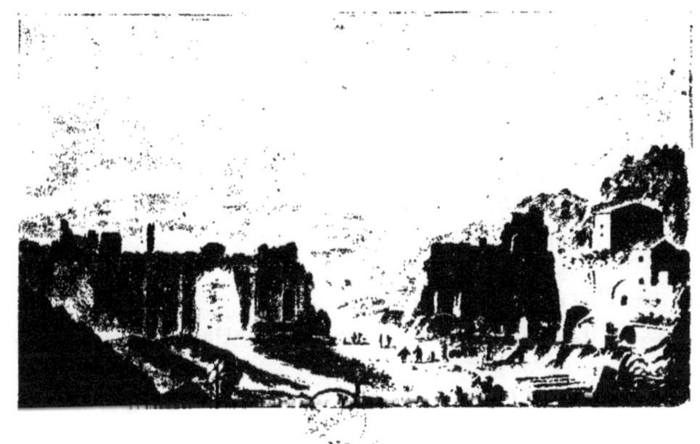

N° 16.

DARRET (Jean)

25. — *Dessin d'un Tabernacle.*
A la plume.

DAUMIER (attribué à)

26. — *Scène humoristique.*
Plume et lavis. Haut. 0,31 1/2. Larg. 0,24 1/2.

DYCK (Van)

27. — *Amours.*
Feuille d'étude à la sanguine. Hauteur 0,28. Larg. 0,18.

DUFOURNY

28\. — *Projet de Monument, L'Empereur Napoléon au peuple français.*

DEBUCOURT

29\. — *La mort d'Héro.*
Gravure imprimée en couleurs.

ÉCOLE FRANÇAISE (XVIIe siècle)

30\. — *Carte de mariage.*
Plume et lavis d'encre de chine.

31\. — *Projet d'un monument. L'Empereur Napoléon aux soldats de la Grande armée.*
Plume et lavis.

32\. — *Portrait d'homme.*
Crayon rehauts de blanc. Haut. 0,21. L. 0,22.

33\. — *Vue perspective du Château de Chateauneuf.*
Plume et aquarelle.

34\. — *Portrait de vieille femme.*
A la sanguine.

35\. — *La chaise.*
Dessin humoristique, à la sanguine.
Haut. 0,145. Larg. 0,188.

36\. — *La villa Aldobrandini à Frascati.*
Crayon et lavis. Haut. 0,47. Larg. 0,32.

37\. — *Ruines et Personnages.*
Crayon et sanguine. Haut. 0,38. Larg. 0,82.

38\. — *Deux gouaches. Paysages et personnages.*
Eventails.

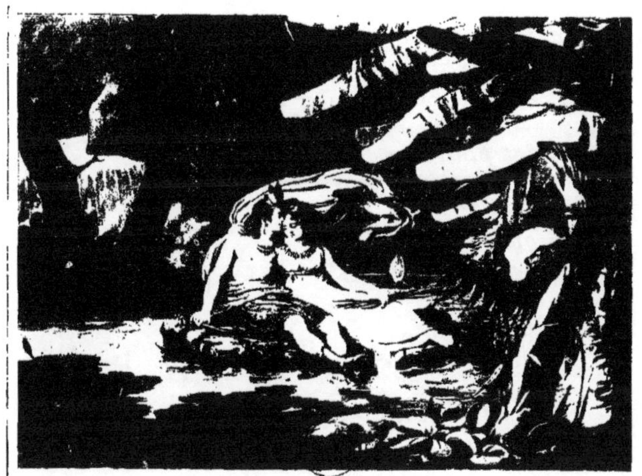

N° 16 *bis*.

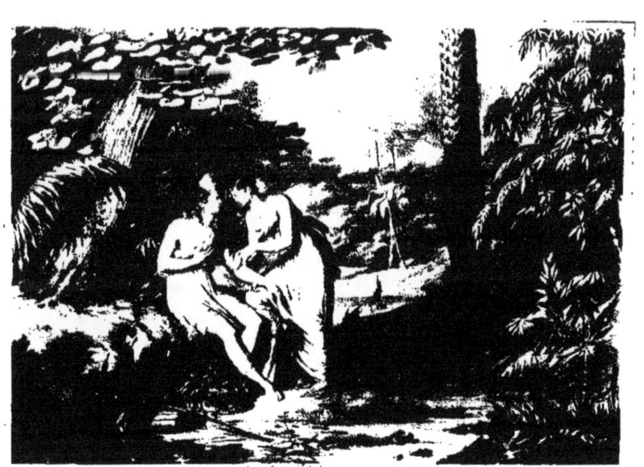

N° 16 *bis*.

39. — *Portrait de Chenard, dans l'Odoïska. « Entrée des Tartares ».*

A la pierre noire sur papier bleu. Haut. 0,22. Larg. 0,16.

40. — *Projet pour un costume d'oiseau.*

A la plume.

41. — *Amours.*

Sépia rehauts de blanc. Haut. 0,17 1/2. Larg. 0,23.

42. — *Mme Gardel.*

Portrait à la pierre noire. Haut. 0,46. Larg. 0,32.

43. — *Mlle André Lainé.*

Portrait pierre noire et sanguine, rehauts de blanc. Haut. 0,44. Larg. 0,35.

44. — *Mlle Palestriani.*

Portrait pierre noire et sépia. Haut. 0,24. Larg. 0,19.

45. — *M. Bellcour.*

Portrait pierre noire, rehauts de blanc et sanguine, sur papier teinté. Haut. 0,30. Larg. 0,24.

ÉCOLE FRANÇAISE (début du XIXe siècle)

46. — *Paysages d'Italie.*

5 dessins crayon et aquarelle.

47. — *Portrait de Jeune homme.*

Crayon.

48. — *Portrait d'homme.*

Crayon.

49. — *La fontaine St Victor, rue Cuvier.*

Peinture. Haut. 0,41. Larg. 0,32 1/2.

50. — *Mme Moitte.*

Portrait à la plume. Haut. 0,28. Larg. 0,31.

51. — *Portrait de femme.*
Miniature.

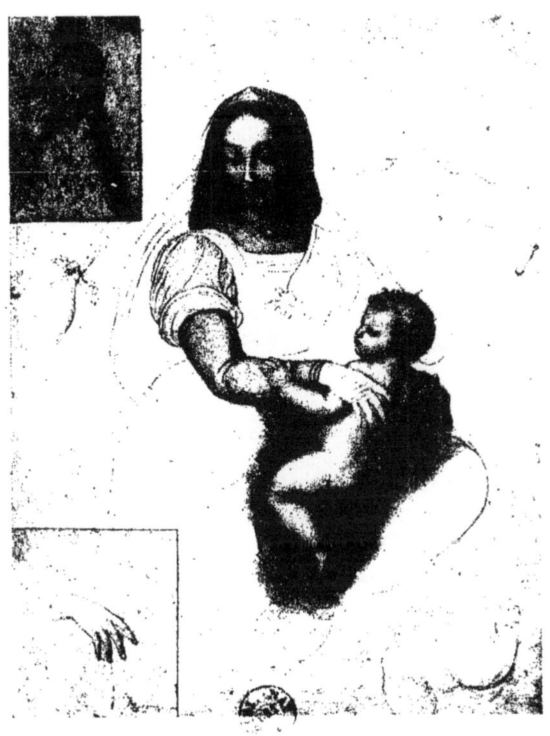

N° 21.

52. — *L'atelier de David.*
Crayon et encre. Haut. 0,27. Larg. 0,23.

ÉCOLE 1830

53. — *Un village.*
Aquarelle.

54. — *5 dessins. Paysages d'Italie.*
Crayon et aquarelle.

55. — *La Cascade.*
Aquarelle.

56. — *La Consultation.*
Plume et rehauts d'aquarelle. Haut. 0,19. Larg. 0,27.

ÉCOLE FRANÇAISE (2e partie du XVIIIe siècle)

57. — *Vue d'un port.*
Aquarelle.

58. — *La Conversation.*
Aquarelle.

59. — *Mme Lafargue.*
Croquis d'audience. Crayon.

60. — *Émile Olivier.*
Portrait. Crayon rehaussé d'aquarelle.

ÉCOLE HOLLANDAISE (XVIe siècle)

61. — *Combat naval.*
Plume et sépia. Haut. 0,23. Larg. 0,30.

ÉCOLE HOLLANDAISE (XVIIe siècle)

62. — *Faune tenant une grappe de raisins.*
A la sanguine. Haut. 0.28 1/2. Larg. 0.42 1/2.

ÉCOLE ITALIENNE

63. — *Quatre dessins.*
Etudes à la sépia.

ÉCOLES DIVERSES (Anciennes et Modernes)

64. — *4 Maquettes pour décor de théâtre.*

65. — *Monument romain.*
Plume et lavis.

66. — *2 aquarelles. Paysages d'Italie.*

67. — *Brojet de plafond.*
Aquarelle et rehauts d'or.

68. — *La Toilette.*
Sanguine.

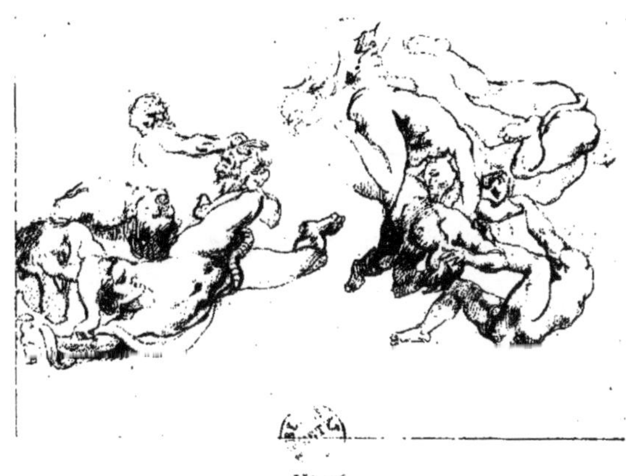

N° 96.

69. — *Cartouche.*
Aquarelle.

70. — *Allégorie.*
Aquarelle.

71. — *Motifs d'ornements de plafond.*
A la plume.

72. — *Façade d'un monument royal.*
A la plume et sépia.

73. — *Préparation pour pastel.*
Portrait de femme.

74. — *Mosaïque antique.*
Aquarelle.

75. — *Amours.*
A la sanguine.

76. — *Paysage.*
A l'encre de chine.

77. — *3 dessins.*
Aquarelles. Projets pour traineaux.

78. — *1 projet de carosse.*
Aquarelle.

79. — *Costumes sur papier calque.*
Crayon.

80. — *Les chasses.*
A la sépia.

81. — *Pont. Attributs Révolutionnaires.*
Aquarelle.

82. — *Femme chargée de fleurs.*
Figure décorative, plume rehaussée de blanc.

83. — *Deux vues de la campagne romaine.*

84. — *Vue d'un-paysage suisse.*
Aquarelle.

85. — *Projet pour une grille.*
Plume et lavis.

86. — *Alcove.*
Projet de décorations.

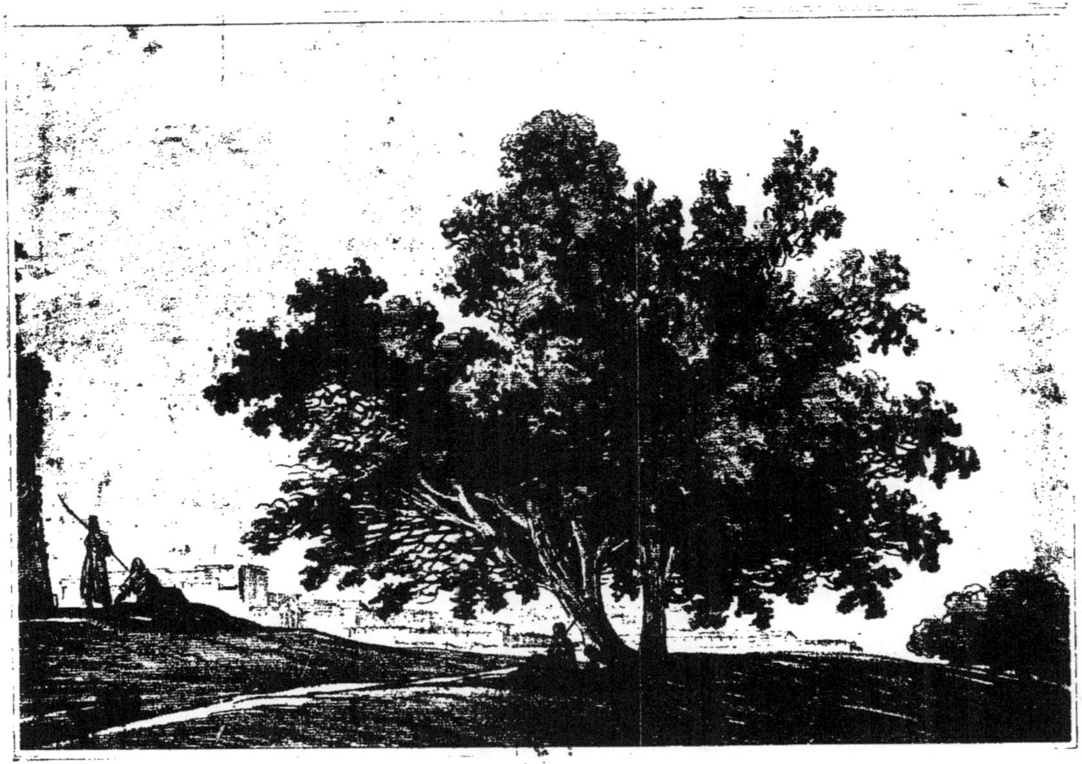

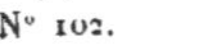

N° 102.

87. — *Projet de plafond.*

88. — *Amours et cornes d'abondances.*
Plume et lavis.

89. — *Plafond Villa Pamphili.*
Plume et sépia.

90. — *Vestibule. — Motifs de décoration.*
Plume et aquarelle.

91. — *Sept dessins ornements et architecture.*
Plume et aquarelle.

92. — *Jardin.*
Plume et lavis.

FANTUZZI

93. — *Frise décorative.*
Sépia.

FRAGONARD

94. — *Etude à la pierre noire.*

GASSIES (G.)

95. — *Paysages d'Egypte.*
4 aquarelles.

GÉRICAULT

96. — *Etude pour plafond.*
Crayon. Haut. 0,285. Larg. 0,205.

97. — *Chevaux de trait.*
Crayon et sépia. Haut. 0,19. Larg. 0,26.

GRANET (attribué à)

98\. — *Intérieur d'Église.*
A la sépia.

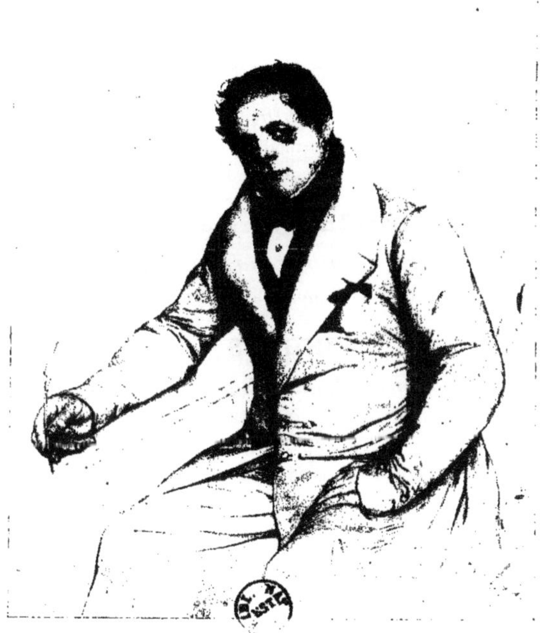

N° 104.

GUYS (C.)

99\. — *Le galant cavalier.*
A la plume, lavis d'encre de chine et aquarelle.
Haut. 0,27. Larg. 0,38

GUERCHIN (Le)

100\. — *Suzanne et les Vieillards.*
A la plume. Haut. 0,25. Larg. 0,20.

HAAG

101. — *Intérieur de Chapelle, avec personnages.*
Aquarellé. Haut. 0,37. Larg. 0,25 1/2.

HILAIRE (J.-B.)

102. — *Paysage et personnages.*
A la sanguine. Haut. 0,370. Larg. 0,530.

HOGARTH

103. — *Têtes de vieilles femmes.*
Études, 2 dessins formant pendants. A la plume.
Haut. 0,34 1/2. Larg. 0,25.

INGRES (attribué à)

104. — *Portrait d'homme tenant une plume d'oie.*
Crayon rehauts d'aquarelle. Haut. 0,40 1/2. Larg. 0,26 1/2.

INGRES

105. — *Jeune femme tenant les mains croisées sur sa poitrine.*
Étude à la sanguine. Certification manuscrite d'Achille Martinet, datée 1832 sur le dessin.
Haut. 0,242. Larg. 0,195.

106. — *Portrait d'homme de profil.*
Crayon forme ovale. Haut. 0,095. Larg. 0,075.

ISABEY (E.)

107. — *Départ pour le bal.*
Plume et sépia. Haut. 0,160. Larg. 0,115.

108. — *Portrait de Levasseur de l'Opéra.*
A la sépia. Haut. 0,23. Larg. 0,18.

JOHANOT (Tony)

109. — *Illustration romantique.*
A la plume. Haut. 0,30. Larg. 0,23 1/2.

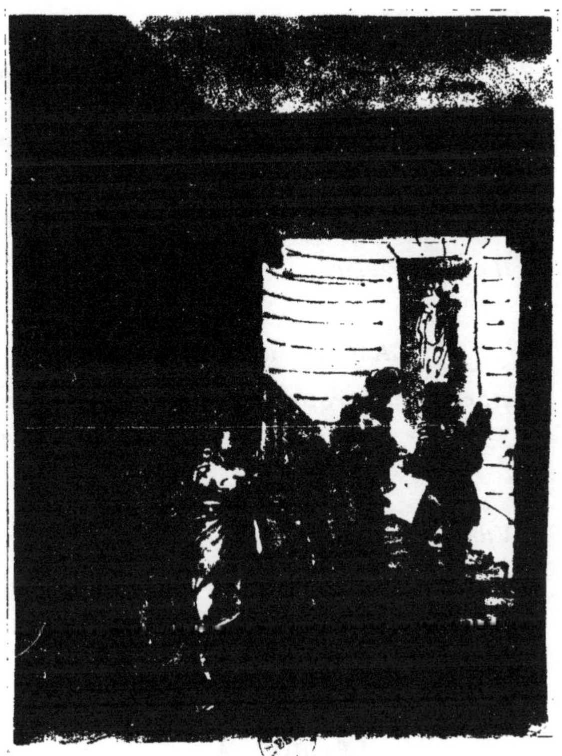

N° 107.

JOLLIVET

110. — *Études pour les tableaux de Versailles.*
4 dessins crayons.

JOLLY

111. — *La sortie de la meute.*
A la sépia, datée 1834.

LACOSTE

112. — *Chars. Maquette pour le Théâtre de l'Opéra, 1876.*
Aquarelle. Haut. 0,22 1 2. Larg. 0,50.

113. — *Char pour la fête de la Rochelle.*
Aquarelle. 0,27×0,51.

114. — *Bords de rivière.*
3 aquarelles.

LAJOUE (attribué à)

115. — *4 projets décoration pour parc.*
Pierre noire, rehauts de blanc. Haut. 0,35. Larg. 0,22 1 2.

LAVIT (J.-B.)

116. — *Vue des environs d'Arcueil.*
Crayon, rehauts de blanc.

LALLEMAND

117. — *Paysage animé.*
Lavis et aquarelle. Haut. 0,35. Larg. 0,408.

LEGROS (A.)

118. — *Tête d'homme à la pointe d'argent.*
Sur papier platré. Haut. 0,270. Larg. 0,210.

LEBRUN

119. — *Christ en croix.*
A la pierre noire. Haut. 0,31. Larg. 0,19.

LEHMAN (H.)

120. — *6 feuilles d'études pour l'ancien Hôtel de Ville.*
Timbre de la vente.

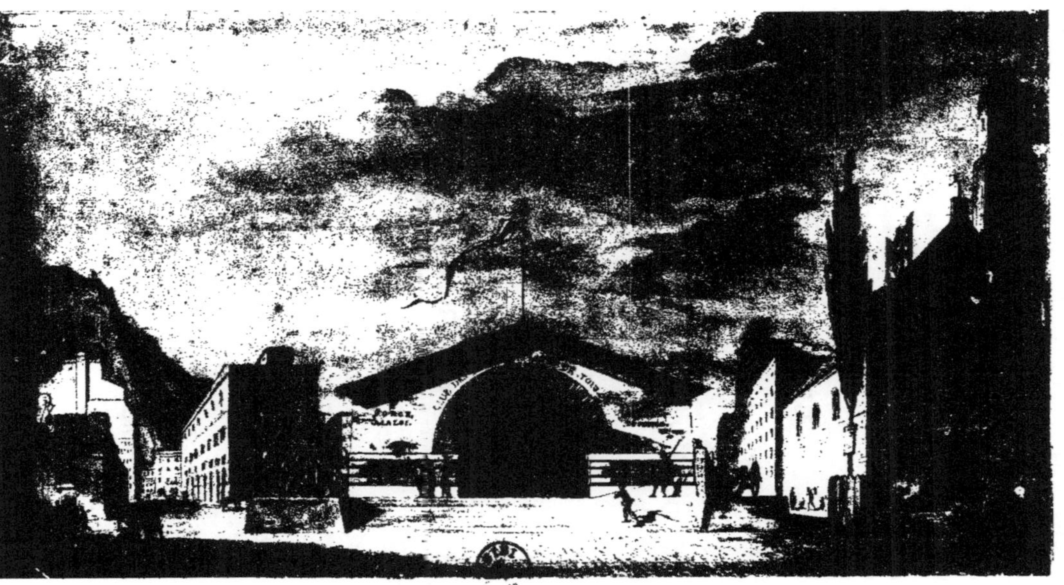

N° 131.

121. — *4 feuilles d'études diverses.*
Crayon sanguine, timbre de la vente.

LEPÉRE

122. — *Le Palais de Justice.*
Gravure sur bois. Essai de planche en couleurs.

LESUEUR (E.)

123. — *Personnage présentant un plateau.*
Etude à la pierre noire. Haut. 0,250. Larg. 0,184.

124. — *Femme à genoux.*
A la pierre noire. Haut. 0,30. Larg. 0,23.

LEQUEU (de Rouen)

125. — *Allégorie de la loi de Mahomet.*
Plume et sépia.

LETEURTRE

126. — *Montmartre.*
Aquarelle signée. Haut. 0,320. Larg. 0,41.

MARIESCHI

127. — *Environs de Venise.*
Plume et aquarelle. Haut. 0,18. Larg. 0,28.

MENCK (C.)

128. — *La délivrance d'Andromène.*
A la sépia. Haut. 0,16. Larg. 0,11.

MOLÉON (G. V. de)

129. — *La déportation à Sinamary, en 1787.*
A la sépia, signé et daté. Haut. 0,325. Larg. 0, .

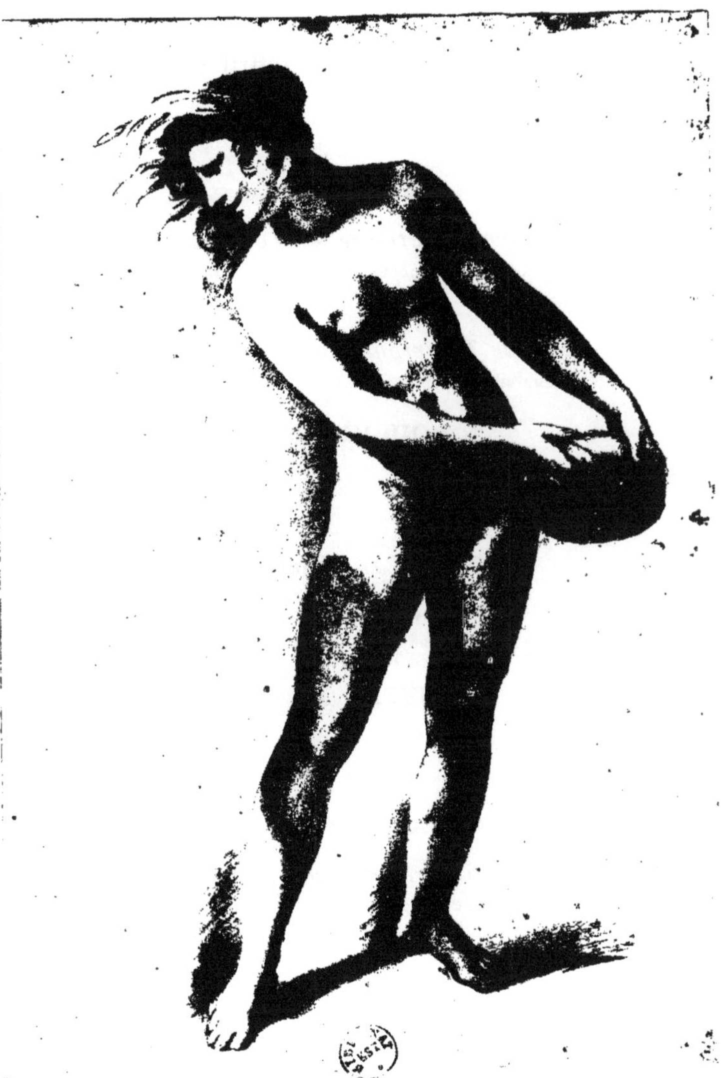

N° 128.

MOREAU (le Jeune) (attribué à)

130. — *Dessin d'ornement.*
Plume et lavis d'encre de chine. Haut. 0,180. Larg. 0,160.

NICOLLE

131. — *Le Club des Patriotes de Toulon.*
Aquarelle petits personnages, signé daté 1793.
Haut. 0,240. Larg. 0,145.

132. — *L'Arc de Triomphe vu de Septine Severs.*
Aquarelle signée. Haut. 0,535. Larg. 0,460.

NOUSVIAUX

133. — *Le pont suspendu.*
Aquarelle datée 1842.

NOVELLI (Pietro)

134. — *La 1re leçon de dessin.*
A la plume. Haut. 0,350. Larg. 0,510.

OTTIN (L.)

135. — *Paris le soir.*
Aquarelle.

PASQUIERI

136. — *Document intéressant sur la révolution de 1848. Barricade de la rue Bichat et incendie de la maison d'angle du Fbg du Temple et de la rue Fontaine au Roy.*
Signé et daté 1848. Haut. 0,215. Larg. 0,400.

PERMESAN (Le)

137. — *Têtes de femmes.*
A la plume. Haut. 0,850. Larg. 0,600.

PRUD'HON (P. P.)

138. — *Académie de femme.*

Crayon. Haut. 0,580. Larg. 0,390.

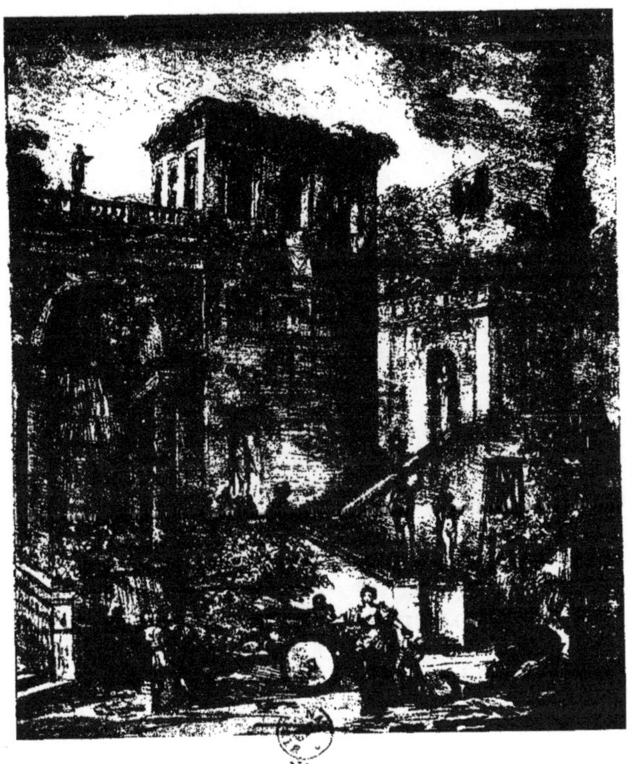

N° 144.

139. — *Portrait d'une jeune femme.*

Peinture signée datée 1810. Haut. 0,540. Larg. 0,450.

PILS (J.)

140. — *Cavaliers.*

Crayon. Haut. 0,173. Larg. 0,315.

REGNAULT (le baron)

141. — *Académie de femme nue.*
Crayon rehauts de blanc. Haut. 0,340. Larg. 0,470.

REYNOLDS (attribué à J.)

142. — *La petite ceuilleuse de cerises.*
Crayon et sanguine. Haut. 0,32 1/2. Larg. 0,26 1/2.

ROBERT (H.)

143. — *Les Jardins de la Villa d'Este.*
Contre épreuve d'un dessin à la sanguine.

144. — *Paysage d'Italie et personnages.*
Contre épreuve d'un dessin à la sanguine, signé, daté.
Haut. 0,49. Larg. 0,41.

145. — *Jardins avec personnages.*
Contre épreuve d'un dessin à la sanguine.
Haut. 0,46. Larg. 0,39.

ROBERT (H.) (attribué à)

146. — *La cruche cassée.*
Plume et aquarelle. Haut. 0,180. Larg. 0,245.

147. — *Ruines.*
A la sanguine. Haut. 0,44. Larg. 0,32.

ROMNY

148. — *Intérieur de cloître*
A la sépia.

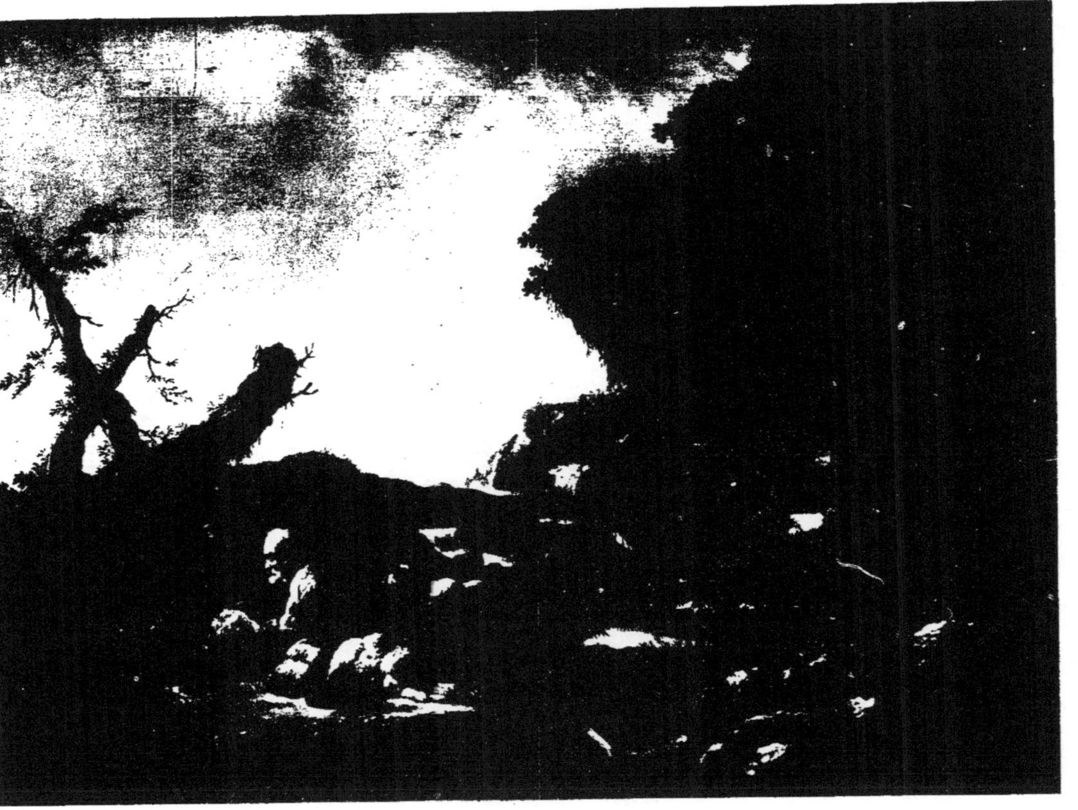

N° 150.

ROSA (Salvator)

149. — *Scène mythologique.*
Sanguine et sépia. Haut. 0,220. Larg. 0,160.

150. — *Le vieux pâtre et son troupeau.*
Peinture. Haut. 0,90. Larg. 1,35.

ROWLANDSON (attribué à)

151. — *Deux gouaches dans un cadre.*
Paysage et personnages. Haut. 0,240. Larg. 0,32.

SÉVIN

152. — *Pompes funèbres d'une Princesse.*
A la plume, signé et daté 1682.

TIÉPOLO (D.)

153. — *Les Centaures.*
2 dessins plume et sépia signés en bas.
Haut. 0,185. Larg. 0,270.

TIÉPOLO (attribué à J.-B.)

154. — *La Ste Famille.*
A la sanguine. Haut. 0,190. Larg. 0,125.

TRACHEL

155. — *Pont sur la rivière.*
Aquarelle signée, datée 1853.

156. — *La Villa d'Este.*
2 aquarelles.

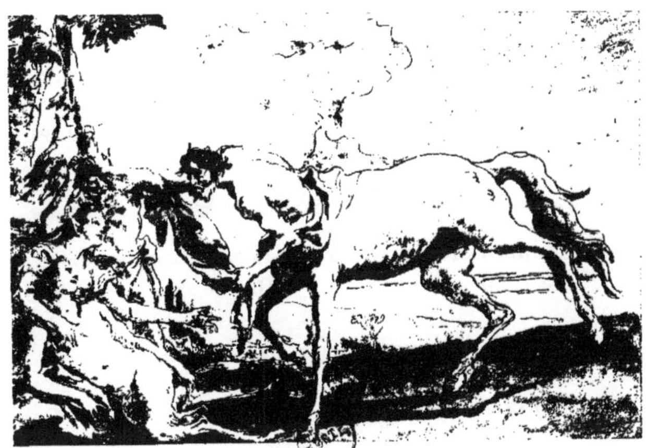

No 153.

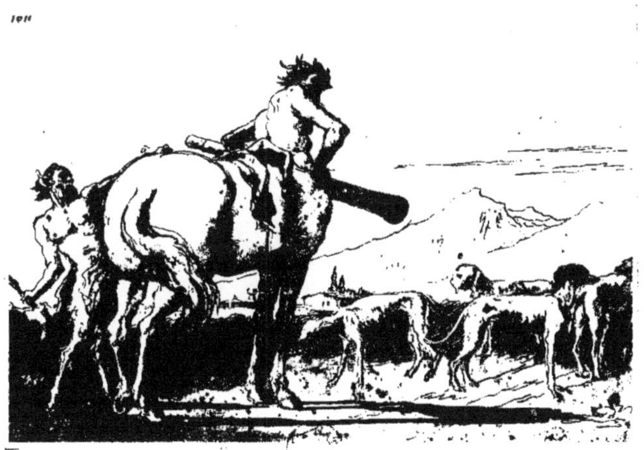

No 153.

VANIDITI (Filipo)

157. — *Étude d'homme drapé.*
Plume et lavis. Haut. 0,265. Larg. 0,205.

VERNET (attribué à C.)

158. — *Avènement de Louis-XVIII.*
A la plume. Haut. 0,275. Larg. 0,475.

WILETTE (A.)

159. — *Le pierrot de Banville.*
Lithographie.

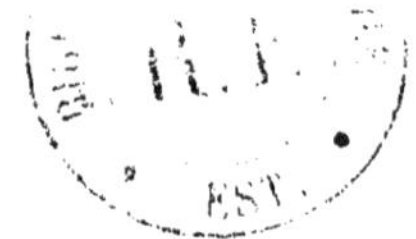

www.ingramcontent.com/pod-product-compliance
Ingram Content Group UK Ltd.
Pitfield, Milton Keynes, MK11 3LW, UK
UKHW021030260726
13994UKWH00005B/2067

9 782329 521619